Sandy Taikyu Kuhn Shimu

Wenn Kirschblüten fallen

Impulse, die den Geist beflügeln

Schirner Verlag

ISBN 978-3-8434-1056-4

1. Auflage Mai 2012

Umschlag & Satz: Silja Bernspitz, aprilfrisches
Redaktion: Katja Hiller, Schirner
Bilder: siehe Anhang
Printed by: OURDASdruckt!, Celle, Germany

www.schirner.com

Wenn Kirschblüten fallen,
entsteht eine Stille,
die deinen Geist befreit.

Möge die Angst der Zuversicht weichen und
Gelassenheit aus der Klarheit entstehen.
Löse dich von den Fesseln des begrenzten Ich,
öffne dein Herz, und lasse dich zu deiner
wahren Natur führen.

Sandy Taikyu Kuhn Shimu

Der Duft der Kirschblüten
bringt dich der Erde nahe,
Gedanken über sie dem Himmel.

In der absoluten Stille
deines Geistes
hörst du den Ruf
deiner wahren Natur.

Sei beweglich wie der Bambus
und formlos wie das Wasser.

Beuge dich mit der Kraft
des Schnees im Winter,
und erhebe dich mit dem
Tau des Frühlings.

Leere deinen Geist, und gleiche
dich dem Flusslauf an, ohne
dich dabei selbst aufzugeben.

Leben ist die Begegnung
mit dem Augenblick.

Der mittlere Weg
liegt im Zentrum aller Dinge.

Schmerz, Trauer und Verlust mögen
wohl allgegenwärtig sein.

Doch nichts hat ewig Bestand.
Gib das Leiden auf, denn jedes Ding
hat seine Zeit und seinen Platz.

Wissend um die Vergänglichkeit
aller Wesen, kehrt Ruhe und Frieden
in dein Herz.

Von Gedanke zu Gedanke
formt sich der Strom
deines Bewusstseins.

Die Ruhe ist die Mutter
aller Bewegungen.

Die Illusion eines getrennten Ich muss von dir abfallen wie die Blätter eines Baumes –

natürlich und absichtslos.

Frage nicht nach dem Sinn
des Lebens, die Blumen
blühen von selbst.

Komme immer wieder in den
gegenwärtigen Moment zurück,
denn dort liegt der Ursprung
deiner wahren Kraft.

Leben strömt durch deine Adern,
Gedanken formen deinen Geist.
Die Kraft der Liebe erfüllt dein Herz und
lässt dich tief in deine Seele schauen.
Die Angst macht der Erkenntnis Platz.
Die Hoffnung weicht der Weisheit.
Die Welle der Ungewissheit bricht
am Ufer der Transzendenz.

Die Achtsamkeit des
Augenblicks vermag
alles zu erleuchten.

Im Feuer des Geistes
verbrennen alle Gedanken.
Der Wind wirbelt den Staub
in deinem Herzen auf.
Die Tränen der Erfahrung
durchdringen die Erde
und lassen den Baum der
Zuversicht wachsen.
Die reife Frucht trägt
die Erkenntnis aller Zeiten.
Koste sie, und nähre
deine wahre Natur.

Wahre Liebe gründet in der Erkenntnis, dass wir alle miteinander verbunden sind.

Ohne Beständigkeit
gibt es keinen Erfolg,
ohne Glaubwürdigkeit
keinen Respekt und
ohne Angemessenheit
keine Zufriedenheit.

Wie spät ist es?
Du meinst jetzt?

Vor deinem geistigen Abgrund
hast du Angst zu fallen.

Springe, und du merkst,
dass es nichts gibt,
was du auffangen kannst.

Vor deinem Tod hast du Angst,
alles zu verlieren.

Lasse los, und du merkst,
dass es nichts gibt,
was sterben kann.

Verlasse den
Pfad der Gedanken,
und lasse
Raum und Zeit
eins werden.

Der Tod des Ego ist die
Geburt unseres wahren Selbst.

Jede Schneeflocke ist einzigartig,
und doch entstammen alle
demselben Ursprung.

Wenn ein buntes Blatt zu Boden fällt,
bedeutet dies nicht das Ende dieser Welt.
Nur ein kleiner Zyklus geht zu Ende,
mit ihm aber kommt auch die Wende.

Was einst verloren und ausgedient am
Boden lag, spendet Leben und Kraft
an einem neuen Tag.

Dieses Gleichgewicht wird immer
fortbestehen und lässt dich mit freudigen
Augen in die Zukunft sehen.

Denn wo ein dunkles Ende nah in Sicht,
ist auch nicht weit das helle Licht.

Wenn man sein Leben ändern möchte, ist es ratsam, bei der Zubereitung des Tees zu beginnen.

Hebe alle
Unterscheidungen von
»ich« und »du«,
Subjekt und Objekt,
wahr und unwahr
in der tiefen Erfahrung
deiner wahren Natur auf.

Lerne, dich im Fluss
des Lebens treiben
zu lassen, ohne dabei
die Quelle aus deinem
Herzen zu verlieren.

Wenn die Klinge deines inneren Schwertes bricht, erlischt der Durst nach Ruhm und Macht.

Die dunklen Wolken der Gier und des Hasses verdampfen im Morgengrauen.

Der Schleier der Unwissenheit lüftet sich, und die Strahlen der Klarheit erwärmen deinen Geist.

Die Flamme der Erkenntnis
hat die Kraft, die Herzen zum
Glühen zu bringen.

Leben und Tod sind die wichtigsten Angelegenheiten. Die Vergänglichkeit zeigt sich plötzlich.

Achte sorgfältig Tag und Nacht auf dich. Die Zeit wartet auf niemanden.

Grenzen zu überwinden
bedeutet, sich selbst
zu überwinden.

Schreite im Leben nicht von
Wunsch zu Wunsch, sondern
von Freude zu Freude.

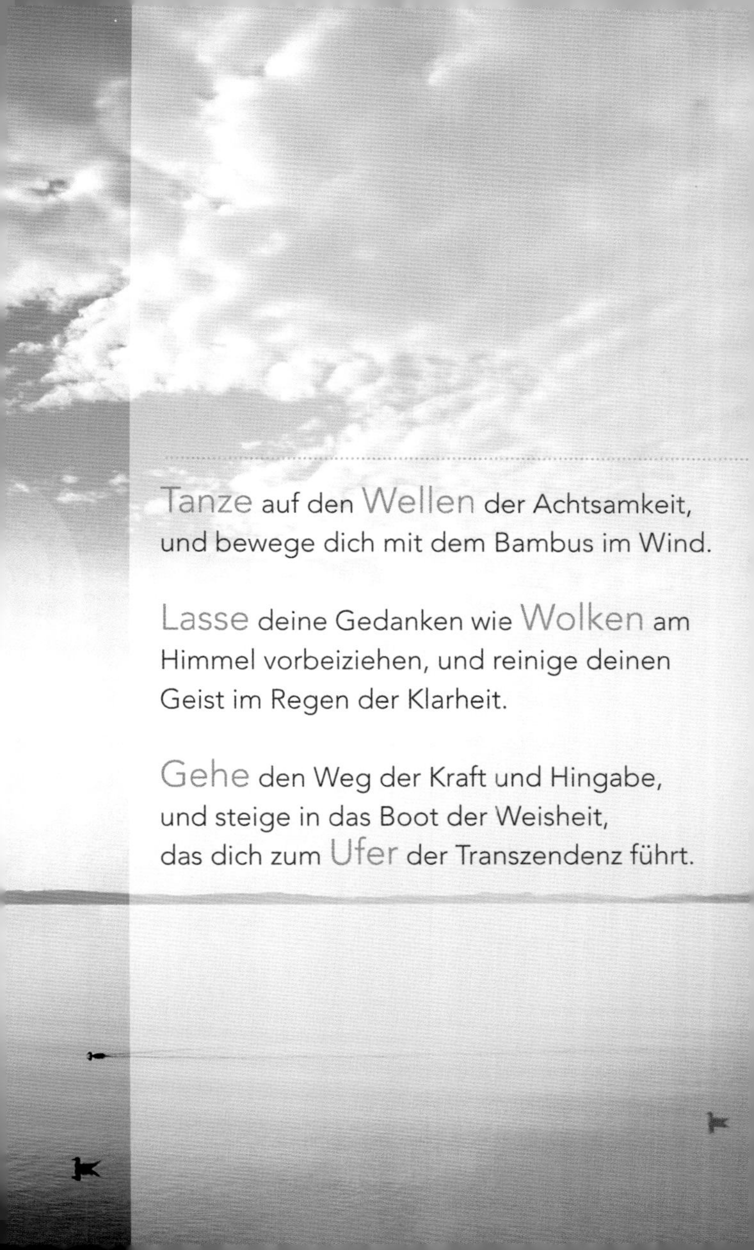

Tanze auf den Wellen der Achtsamkeit,
und bewege dich mit dem Bambus im Wind.

Lasse deine Gedanken wie Wolken am
Himmel vorbeiziehen, und reinige deinen
Geist im Regen der Klarheit.

Gehe den Weg der Kraft und Hingabe,
und steige in das Boot der Weisheit,
das dich zum Ufer der Transzendenz führt.

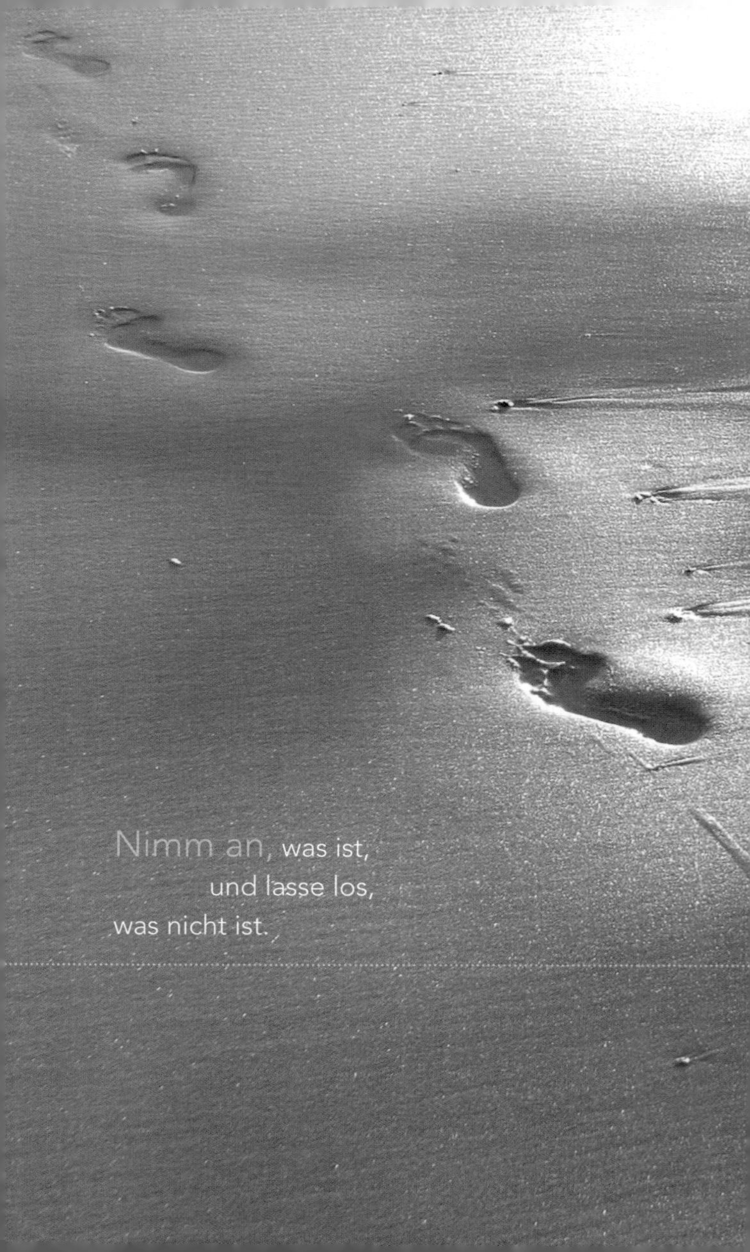

Nimm an, was ist,
und lasse los,
was nicht ist.

Setze einen Fuß
vor den anderen.
Mehr kannst du nicht tun,
um vorwärtszukommen.

Gedanken an Vergangenes ketten
dich an den Pfahl der Begrenzungen.
Gedanken an Zukünftiges binden dich
an die Fesseln der Erwartungen.

Löse dich aus dem Dickicht der
Verantwortungslosigkeit, und
befreie dich von der Abhängigkeit
des Zufalls.

Nur deine Präsenz in der Gegenwart
vermag das Schicksal zu ändern.
Erkenne die Perfektion im Augenblick.

Ruhe in der Veränderung,
und du hast nichts
zu befürchten.

Es gibt keinen
perfekten Zeitpunkt,
außer man tut es.

Öffne deine Augen,
und siehe das Licht.

Öffne dein Herz,
und spüre die Liebe.

Öffne deinen Geist,
und erkenne die
Ewigkeit.

Das Leben ist für die Menschen erfüllter, die gelernt haben, den Tod als Bestandteil ihres Lebens zu integrieren.

Wenn nicht jetzt, wann dann?
Wenn nicht du, wer dann?

Wenn du in dir ruhst, ruht das
Universum in deinem Geist.

Jedes Ding hat seinen Platz.
Jedes Wesen hat seine Zeit.

Erwecke den Krieger in dir:

Ordne die Dinge, und lasse
Einfachheit entstehen.
Meditiere, und rücke deinen
Geist zurecht.
Löse dich von Konditionierungen,
und befreie dich von Identifikationen.

Erwecke den Krieger in dir:

Wandle Wut und Hass in Entschlossenheit.
Ändere Gier und Verlangen in Hilfsbereitschaft.
Wandle Ignoranz und Unkenntnis in Offenheit.

Erwecke den Krieger in dir:

Der Puls der Zeit ist deine Zeit.
Vergangenheit und Zukunft sind jetzt.
Sei ganz du, atme, lebe und liebe.
Erschaffe mit deinem ganzen Wesen, und
lasse los, wenn die Zeit gekommen ist.

In einer Schale Tee steckt der Geschmack der ganzen Welt.

Betritt den Weg des Lebens ohne Absicht.

Hinterlasse Spuren, aber keine Abdrücke.

Sei ganz du selbst, ohne dich aufzugeben.

Fühle dich verbunden, ohne gefangen zu sein.

Handle durch Nicht-Handeln, und das Ziel
folgt deiner Bestimmung.

Das Glück liegt im Leben selbst.

Das Leben befindet sich stets
am Rande des Todes.

Aus neuem Denken
wird neues Handeln.

Wenn dich der Geist des Kriegers trifft, spaltet er deinen Verstand entzwei. Der innere Kampf ist entfacht, und das Duell deiner Gedanken beginnt.

Verlasse den Pfad der Wertung, und überwinde Gut und Böse, Stark und Schwach.

Löse dich aus der Umklammerung deines alltäglichen Bewusstseins, und entziehe den weltlichen Konzepten die Macht.
Über dem Abgrund deiner Gefühle findest du zu deiner wahren Natur.

Stürze dich in die Tiefe deines Selbst, und befreie dich von den Fesseln deines begrenzten Ich.

Wische dir die Schweißperlen der Vergangenheit und der Zukunft aus deinem Gesicht, und stelle dich beherzt deinem wichtigsten Kampf.

Sei ohne Furcht, und stirb den kleinen Tod im Augenblick.

Die innere Schlacht endet, wenn der Geist des Kriegers sein Schwert niederlegt. Die Stimmen versiegen, und Frieden füllt den leeren Raum.

Lasse dich von der Achtsamkeit der Gegenwart tragen, und nähre den Krieger des Lichts.

Jetzt bist du bereit, wahrhaftig zu leben.

In das Verlieren
zu investieren bedeutet,
das loszulassen,
was man ohnehin nicht
festhalten kann.

Eine gute Schale Tee

öffnet deine Augen, und du siehst das Wunder der Natur.

Eine gute Schale Tee öffnet dein Herz, und du fühlst die Kraft der Liebe.

Eine gute Schale Tee öffnet deinen Geist, und du verstehst das Gesetz der Ewigkeit.

Ein Atemzug genügt,
um das Wesen aller Dinge
zu durchschauen.

Lebe Augenblick für Augenblick,
dann gibt es weder Richtig
noch Falsch.

Die Kunst ist wie die Liebe:

Mit Respekt und Achtsamkeit
behandelt, erfreut sie
den Menschen ein ganzes
Leben lang.

Füge allem, was du tust,
ein Lächeln hinzu.

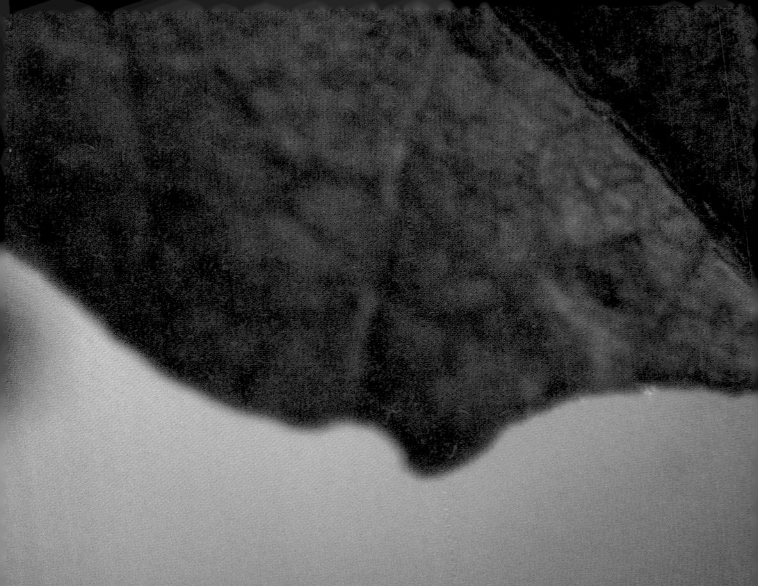

Der einzige Weg, die Angst vor dem Tod aufzulösen, ist, der Vergänglichkeit tief in die Augen zu schauen.

Die Zeit der Wandlung nagt
an deinem Selbst.

Veränderung ist dein wahres Wesen.

Erkenne die Möglichkeit des
Neubeginns, und wage den Sprung
in die Vergänglichkeit.

Gib die Illusion eines Ich auf, und
erlange Vollkommenheit.

Verliere dich ganz im Moment,
und du bist unsterblich.

Den leuchtenden Mond durch das Rascheln der Blätter einer Pappel betrachtend, trübt kein Gedanke den Geschmack der letzten Tasse Tee.

Ablösung geschieht
durch Fülle –
und nicht durch Mangel.

Das Leben hat genau so viel Sinn,
wie du bereit bist, ihm zu geben.

Befreie dich aus dem Gefängnis
der eigenen Begrenzungen.

Der größte Kampf findet in deinem Inneren statt. Er ist die Schlacht gegen dein Ego.

Wenn du nach dem Sinn suchst,
dann hast du ihn schon verloren.

Dankbarkeit ist der Samen der Verbundenheit.

Demut ist die Wurzel des Mitgefühls.

Liebe ist die Blume der bedingungslosen Akzeptanz.

Achtsamkeit ist der Dünger für die Weisheit.

Wahrnehmung ist das Wasser für die Erkenntnis.

Erleuchtung bringt jeden Herz-Geist zum Blühen.

Erfolg ist,
mit dem Leben eins zu sein.

Mit dem Ziel beginnt der Weg.

Wahrhaft zu leben bedeutet,

bewusst zu handeln.

Bewusst zu handeln heißt,
verantwortungsvoll
zu entscheiden.

Verantwortungsvoll
zu entscheiden
gründet auf der Erkenntnis
der wahren Natur des
eigenen Selbst.

Die Erkenntnis entsteht
aus Achtsamkeit, Weisheit,
Mitgefühl und Hingabe.

Begegne dir selbst
in der Stille.

Erkenne die Leere nicht als Lücke, sondern als frei verfügbares Potenzial.

Zeit ist hier und jetzt.
Keine Vergangenheit und keine Zukunft.
Kein Gestern, kein Morgen – nur im Heute,
in der Gegenwart, lebe ich.

Den kleinen Tod sterbe ich jeden Tag.
Ich atme ein und atme aus.

Wie viele Atemzüge bleiben mir noch?

Achtsamkeit ist der Samen,
der alle Tugenden in dir
wachsen und blühen lässt.

Das Urvertrauen bildet die Grundlage
für die Selbstliebe.

Die Selbstliebe bildet die Grundlage
für die Nächstenliebe.

Die Nächstenliebe bildet die Grundlage
für die Menschenliebe.

Bevor du mit dem Finger auf andere zeigst,
erkenne, dass drei Finger deiner Hand
dabei auf dich selbst gerichtet sind.

Sei vorsichtig,
was du dir wünschst –
es könnte in Erfüllung gehen!

Die Kraft der Stille bringt dich
in den Augenblick zurück.

Ruhe im Lärm der Welt.
Erkenne die Stille im Augenblick.
Finde Zufriedenheit im Verzicht.
Erreiche alles – durch nichts.

Verbinde dich mit der
wahren Natur deines Seins.

Setze deine Träume
nicht an die Stelle
deiner Handlungen.

Die Schatten der Vergangenheit sind
deine Taten in der Gegenwart.
Wenn du die Zukunft im Licht sehen möchtest,
schiebe die Wolken der Finsternis beiseite,
und lasse die Sonne im gegenwärtigen
Augenblick erstrahlen.

Nur in der Gegenwart
finden Körper und Geist
zusammen.

Strebe nach einem Handeln
im Einklang mit
deinem wahren Wesen.

Mit jedem Atemzug
wirst du neu geboren.

Zur Autorin

Sandy Taikyu Kuhn Shimu ist Kampfkunstlehrerin, Zen-Buddhistin und Autorin. Sie ist Gründerin und Leiterin der WU LIN Organisation. Seit 1993 beschäftigt sie sich mit asiatischer Philosophie, Lebens- und Kampfkunst. Ausbildungsaufenthalte und Studienreisen nach Asien, unter anderem auf die Philippinen, nach China, Taiwan, Sri Lanka und Indien, prägten ihr Denken, Fühlen und Handeln. Ihr Wissen und ihre Erfahrungen vermittelt sie seit 1997 vollberuflich im täglichen Unterricht mit ihren Schülerinnen und Schülern.

Weitere Informationen zur Tätigkeit der Autorin finden Sie unter:

www.wulin.ch | www.wulintempel.ch
shimu@wulin.ch

Mit jedem Atemzug
wirst du neu geboren.

Zur Autorin

Sandy Taikyu Kuhn Shimu ist Kampfkunstlehrerin, Zen-Buddhistin und Autorin. Sie ist Gründerin und Leiterin der WU LIN Organisation. Seit 1993 beschäftigt sie sich mit asiatischer Philosophie, Lebens- und Kampfkunst. Ausbildungsaufenthalte und Studienreisen nach Asien, unter anderem auf die Philippinen, nach China, Taiwan, Sri Lanka und Indien, prägten ihr Denken, Fühlen und Handeln. Ihr Wissen und ihre Erfahrungen vermittelt sie seit 1997 vollberuflich im täglichen Unterricht mit ihren Schülerinnen und Schülern.

Weitere Informationen zur Tätigkeit der Autorin
finden Sie unter:
www.wulin.ch | www.wulintempel.ch
shimu@wulin.ch

Weitere Titel der Autorin erschienen im Schirner Verlag:

CD: Wenn Kirschblüten fallen –
Geführte Meditationen, die den Geist befreien
ISBN: 978-3-8434-8204-2

Buch: Mit Buddha Tee trinken –
Eine Einführung in die chinesische Teezeremonie
ISBN: 978-3-8434-1033-5

Buch: Erwecke den Krieger in dir –
Das WU LIN-Prinzip
ISBN: 978-3-8434-1057-1

Bildnachweis

Titelbilder:
© Nailia Schwarz (29490726)

Bilder auf den Vor- & Nachsatzseiten:
© Nailia Schwarz (29490726)

Abbildungen im Buch:

S. 2: © pgm (6524421)
S. 4/5: © Liv Friis-larsen (35133138)
S. 6/7: © cleomiu (31451427)
S. 8/9: © Beboy (14781428)
S. 10/11: © Kerstin Selle (13193095)
S. 12/13: © Igor Tarasov (10395833)
S. 14/15: © Yuri Arcurs (515941)
S. 16/17: © knet2d (32093348)
S. 18/19: © Wilm Ihlenfeld (37040945)
S. 20/21: © Alex Bramwell (16961569)
S. 22/23: © satin_111 (34896684)
S. 24/25: © Abe Mossop (17026002)
S. 26/27: © Beboy (16802641)
S. 28/29: © Bifi (558653)
S. 30/31: © Sunnydays (21149637)
S. 32/33: © Berenike (13516898)
S. 34/35: © Anette Linnea Rasmussen (98502)
S. 36/37: © Paylessimages (15983804)
S. 38/39: © Heino Monai (2226388)
S. 40/41: © ti_to_tito (15816672)
S. 42/43: © Luftbildfotograf (23656442)
S. 44/45: © Galyna Andrushko (11024968)
S. 46/47: © Wild Geese (2808157)
S. 48/49: © Christian Pedant (19952745)
S. 50/51: © Bernd S. (15102995)
S. 52/53: © Cheryl Casey (6925298)
S. 54/55: © studali (7379010)
S. 56/57: © phecsone(1072373)
S. 58/59: © piotr_roae (10970569)
S. 60/61: © isak55 (38392662)
S. 62/63: © Mariusz Prusaczyk (24233323)
S. 64/65: © worradirek (28886863)
S. 66/67: © ines wohlrabe-meier (17914993)
S. 68/69: © Sunnydays (6438728)
S. 70/71: © Martina Berg (39518237)
S. 72/73: © skala (26098566)
S. 74/75: © unka (35029406)
S. 76/77: © Olga Lyubkina (7155900)
S. 78/79: © Svenja98 (14840920)
S. 80/81: © Krzysztof Czuba (2553888)
S. 82/83: © Lukas Hlavac (22234736)
S. 84/85: © Thomas Oswald (13017993)
S. 86/87: © AlexAranda (13827379)
S. 88/89: © DIA (20835663)
S. 90/91: © Alex White (24638196)
S. 92/93: © himbeerline (31850007)
S. 94/95: © Stefan Pöppel (20821613)
S. 96/97: © Stefan Körber (28675879)
S. 98/99: © miiko (24578699)
S. 100/101: © kohashi (31902219)
S. 102/103: © Nailia Schwarz (29490726)
S. 104/105: © Igor Tarasov (13840562)
S. 106/107: © Petra Kohlstädt (10102222)
S. 108/109: © Igor Tarasov (13608462)
S. 110/111: © imagincy (37564956)
S. 112/113: © kentoh (6268377)
S. 114/115: © Rob Stark (23777598)
S. 116/117: © Tilio & Paolo (30234475)
S. 118/119: © javarman (16116927)
S. 120/121: © SeanPavonePhoto (34786840
S. 122/123: © Subbotina Anna (28158442)
S. 124/125: © Secret Side (16347958)
S. 126/127: © beltsazar (6464128)
S. 128/129: © suzesizu (17675912)
S. 130/131: © McLac2000 (10250185)
S. 132/133: © Jean-Michel LECLERCQ (2137178)
S. 134/135: © beltsazar (4773068)
S. 136/137: © MIRRO (2399515)
S. 138/139: © himbeerline (28937015)
S. 140/141: © bananna (28723635)
S. 142/143/144: © Paylessimages (17346587)

alle Abbildungen: www.fotolia.com